Albert Mutonga Matongela

Fundamentos das caixas automáticas: História e evolução

Albert Mutonga Matongela

Fundamentos das caixas automáticas: História e evolução

ScienciaScripts

Imprint
Any brand names and product names mentioned in this book are subject to trademark, brand or patent protection and are trademarks or registered trademarks of their respective holders. The use of brand names, product names, common names, trade names, product descriptions etc. even without a particular marking in this work is in no way to be construed to mean that such names may be regarded as unrestricted in respect of trademark and brand protection legislation and could thus be used by anyone.

Cover image: www.ingimage.com

This book is a translation from the original published under ISBN 978-620-2-09451-1.

Publisher:
Sciencia Scripts
is a trademark of
Dodo Books Indian Ocean Ltd. and OmniScriptum S.R.L publishing group

120 High Road, East Finchley, London, N2 9ED, United Kingdom
Str. Armeneasca 28/1, office 1, Chisinau MD-2012, Republic of Moldova, Europe
Printed at: see last page
ISBN: 978-620-7-97017-9

Índice

Capítulo 1: Introdução

Era uma vez um trabalhador da construção civil, conhecido por JV, num bairro informal de uma cidade de um certo país. Era um trabalhador sazonal que só tinha de trabalhar fora da época das chuvas e apenas se os seus serviços fossem necessários. O seu trabalho consistia em controlar os veículos no estaleiro de construção de estradas, para além de outras tarefas que o seu supervisor lhe dava instruções. O trabalhador da construção civil recebia o seu salário todas as sextas-feiras após o final de cada semana, num envelope, em dinheiro. Tinha de trabalhar seis dias por semana, das 8h00 às 17h00, incluindo a hora de almoço. Assim, só descansava aos domingos ou quando podia pedir umas merecidas férias.

Receber o salário através de um instrumento de pagamento em numerário tinha várias vantagens para o trabalhador. Podia ver exatamente quanto ganhava às sextas-feiras; o empregado podia facilmente localizar em casa onde estava o resto do seu dinheiro; evitavam-se certos encargos cobrados na tradição do sistema financeiro moderno; e não havia necessidade de se deslocar ao ponto de acesso mais próximo para ir buscar o seu dinheiro ou parte dele para utilizar em despesas pessoais.

Numa sexta-feira à noite, um dos seus amigos mais chegados, o Linus, fez-lhe uma visita sem aviso prévio nem acordo. Linus entrou em casa do seu amigo sem bater à porta, como fazia habitualmente, e encontrou JV ocupado a contar e a dividir o seu dinheiro bem ganho por cada despesa. Trocam-se cumprimentos e Linus pergunta-se porque é que o amigo ainda gosta de guardar o dinheiro em casa, uma vez que já foi assaltado no passado e sabe que o seu dinheiro pode ser facilmente acedido se for depositado numa conta bancária. JV refere que é cómodo guardar o dinheiro em casa e dá outras razões, sublinhando que evita cobranças e que não se sente à vontade para depositar o dinheiro no banco, pois pode acontecer-lhe alguma coisa. JV acrescenta que já ouviu falar do roubo de dinheiro de outras pessoas por o terem guardado no banco e não quer ser vítima da mesma situação.

Seguiu-se um longo debate e, no decurso da discussão, o Linus informou o seu amigo das vantagens de investir o seu dinheiro no banco e não em casa. Explicou ao amigo que, em casa, os riscos de o dinheiro ser roubado são elevados, ao passo que, ao colocar o dinheiro no banco, esses riscos são limitados. Além disso, Linus disse que, num banco, o dinheiro na conta rende juros, o que aumenta o saldo a levantar em relação ao dinheiro depositado inicialmente. Também foi dito ao JV que o dinheiro depositado pode ser facilmente levantado na caixa multibanco mais próxima, pelo que não tem de se preocupar com a segurança do seu dinheiro em casa quando está a trabalhar. Desta vez, JV ficou convencido e prometeu ao seu amigo ir à agência bancária mais próxima para abrir uma conta e informar atempadamente o seu empregador de que o seu salário deveria ser depositado na sua nova conta bancária.

Valerá a pena guardar o dinheiro em casa, por exemplo debaixo do colchão, uma vez que as vantagens superam as desvantagens acima referidas? Algumas pessoas, sobretudo em zonas remotas ou rurais, continuam a acreditar que é melhor guardar o dinheiro ganho com dificuldade em casa e não no sistema financeiro, pelas razões acima referidas. É melhor e mais seguro guardar o dinheiro para uso futuro numa conta aberta numa instituição financeira. Os trabalhos da GSMA (2017) mostram que, quando uma sociedade utiliza menos numerário, as taxas de criminalidade diminuem e os sentimentos de segurança pessoal aumentam. O trabalho de Voorhies (2013) indica que as pessoas que vivem em sociedades dominadas pelo numerário e que estão a considerar adotar pagamentos digitais precisam de ter a certeza de que poderão converter o seu dinheiro digital novamente em numerário. Podemos deduzir destes estudos que manter dinheiro em casa atrai assaltos indesejados e que, para minimizar este risco, é preferível confiar o nosso dinheiro suado a instituições financeiras e só retirar parte dele numa fase posterior para fazer face às despesas do dia a dia.

Isto faz-me lembrar um funcionário público que um dia não dormiu bem porque receava que o seu cheque de vários milhares de euros em moeda local fosse roubado nessa noite. Este funcionário foi promovido, mas só mais tarde foi informado de que tinha direito a receber o seu salário em atraso. Ficou muito contente e teve de o depositar numa conta bancária. Este funcionário ainda hoje trabalha no sistema público e o bom é que utilizou o dinheiro de forma sensata, multiplicando-se através de pequenos negócios lucrativos.

As caixas automáticas (ATM) tornaram-se, desde há muitos anos, um dos principais canais de levantamento através dos quais muitos clientes podem aceder ao dinheiro depositado nas suas contas em instituições financeiras, incluindo bancos. Este livro apresenta a história, os conceitos, os desenvolvimentos e as tendências emergentes relacionados especificamente com as caixas automáticas (ATM) e foi produzido pelas seguintes razões

- Na Namíbia, não foi escrito nenhum livro sobre os ATM, que são essenciais para compreender o coração dos sistemas de pagamento e liquidação.
- O domínio dos sistemas de pagamento e liquidação na gestão do tráfego aéreo sofreu uma

série de alterações, que este livro pretende esclarecer.

- As tendências emergentes merecem ser destacadas e podem ajudar as partes interessadas a rever as suas estratégias de implantação em conformidade.

Este livro será de interesse para um vasto leque de interessados, incluindo profissionais, reguladores, estudantes, académicos, organismos educativos e o público em geral. Entre os profissionais contam-se os decisores políticos e os que trabalham nos departamentos de ATM das instituições financeiras. Estes precisam de estar a par do que está a acontecer nos sistemas bancários, de pagamentos e de liquidação, de modo a compreenderem o que o futuro lhes reserva. As entidades reguladoras têm de se manter a par dos desenvolvimentos neste domínio, a fim de promoverem mudanças sempre que necessário. Os estudantes que frequentam cursos na área da banca ou dos sistemas de pagamentos e de liquidação considerarão que este livro merece ser lido ou estudado juntamente com as instruções dadas por académicos ou organismos de formação. A sensibilização do público em geral através da leitura deste livro aumentará os seus conhecimentos sobre o assunto, melhorando assim a sua literacia financeira.

Consequentemente, este livro tem onze capítulos, que são descritos de seguida:

- Introdução. Este primeiro capítulo apresenta o livro e estabelece a sua estrutura subsequente.
- Noções básicas de ATM. O segundo capítulo apresenta uma descrição dos ATM, incluindo os tipos de transacções, a história dos ATM e a forma como as transacções são processadas.
- O câmbio nos caixas automáticos. O capítulo 3 analisa o funcionamento do intercâmbio do ponto de vista deste canal de distribuição.
  - Tipos de ATM. Estes são abordados no capítulo 4 do livro.
- Regulamentação. O capítulo 5 mostra como os ATM são regulamentados noutros países.
- Inclusão financeira. Nesta fase, o capítulo 6 é dedicado à inclusão financeira do ponto de vista dos ATM.
  - Segurança. O capítulo 7 centra-se nas melhores práticas de segurança das ATM.
  - Formação. As oportunidades de formação no domínio da gestão do tráfego aéreo são descritas no Capítulo Oito.
  - Fabricantes. O capítulo 9 apresenta os principais fabricantes de ATM.

  - Carreiras. As carreiras possíveis nos DAB são enumeradas no Capítulo Dez.
  - ATMs na Namíbia. O último capítulo trata dos ATM na Namíbia.

O próximo capítulo aborda os princípios básicos dos distribuidores de dinheiro.

Capítulo 2: Noções básicas de ATM

Imagine um mundo sem caixas multibanco na era moderna em que vivemos. Como é que seria esse mundo? As filas de espera nas agências bancárias seriam curtas ou longas? Os caixas estariam sobrecarregados? E o custo das transacções para as instituições bancárias? Não seriam mais elevados? Podemos continuar a colocar muitas questões sobre este assunto. Não há necessidade de o fazer. É evidente que o mundo ia ficar para trás em termos de progresso tecnológico em relação ao que vemos atualmente. Os ATM humanos iriam ficar extremamente sobrecarregados com longas filas de espera e esta situação iria ser muito pior nos países em desenvolvimento, onde o capital é relativamente baixo em comparação com as economias avançadas. Este capítulo descreve os ATM, a sua história, os tipos de transacções, os componentes dos ATM, a sua localização, o fluxo de transacções e os ATM nos países da CPMI.

Descrição

Existem várias definições de ATM na literatura sobre pagamentos. Mumin, Ustarz e Yakubu (2014) definem ATM como um canal de prestação de serviços inovador que oferece serviços financeiros diversificados, tais como levantamento de dinheiro, transferência de fundos, depósito em numerário, pagamento de facturas de serviços públicos e de cartões de crédito, pedidos de livros de cheques e outras consultas financeiras. Combina um terminal de computador, um sistema de registo e um cofre numa única unidade, permitindo que os clientes entrem no sistema de registo do banco com um cartão de plástico que contém um número de identificação pessoal (PIN) ou digitando um código específico no terminal de computador ligado aos registos informatizados do banco 24 horas por dia (Rose, 1999). A caixa automática (ATM), também conhecida como máquina bancária ou distribuidor de dinheiro, é um dispositivo de telecomunicação computorizado que permite aos clientes de uma instituição financeira realizar transações financeiras num espaço público sem a necessidade de um caixa, funcionário ou caixa (Ali e Kalu, 2016). Ali e Kalu referem ainda que, nos ATM modernos, o cliente é identificado através da inserção de um cartão ATM de plástico com uma banda magnética ou de um cartão inteligente com um chip que contém um número de cartão único e determinadas informações de segurança, como uma data de validade ou um valor de verificação do cartão (CVV).

Importa referir que o ATM é um dos canais de distribuição no âmbito das tecnologias bancárias de autosserviço. As tecnologias self-service têm facilitado aos clientes a realização de transacções bancárias e outros serviços bancários, na medida em que oferecem uma maior disponibilidade de serviços, uma vez que os clientes estão menos dependentes do horário de funcionamento e da localização do seu banco (Elgahwash e Freeman, 2013). Hsieh (2005) mostra que a tecnologia de autosserviço permite que utilizadores humanos autorizados obtenham ou actualizem informações e realizem transacções qualificadas a partir de bases de dados empresariais, por si próprios, utilizando linguagem natural, através de canais de comunicação como o correio eletrónico, a web, a rede e a voz, a qualquer momento, sem depender de acções humanas. Sannes (2001) refere que a banca de self-service é a utilização de tecnologias de self-service na banca e que a banca de self-service inclui banca por telefone e Internet, terminais de ponto de venda, caixas automáticos e outros quiosques interactivos. Rose e Ogunmokun (2013); Natarajan, Balasubramanian e Manickavasagam (2010); e Accenture (2015) também fornecem informações úteis sobre os benefícios das tecnologias bancárias de autosserviço numa perspetiva de ATM.

É evidente que os ATM são muito úteis na banca moderna. Como seria o mundo sem a tecnologia bancária de autosserviço? É possível pensar em implicações como longas filas de espera que se estendem pelas ruas, encargos geralmente elevados para os serviços bancários, caixas humanos que realizam actividades de baixo valor atualmente realizadas pelos ATM e um serviço deficiente quando as pessoas ou os clientes se queixam das longas filas de espera. A eficiência está agora na ordem do dia em muitos mercados, uma vez que o sistema global de pagamentos foi modernizado e um cliente de uma instituição financeira ou bancária pode obter serviços fora de uma agência através de um ATM 24 horas.

A história

Porquê e quando foi introduzido o ATM como canal de distribuição? Dado que a maior parte das actividades bancárias tradicionais podem ser realizadas através de ATM, muitos bancos vêem a sua instalação como uma forma de reduzir os custos actuais e, simultaneamente, expandir os serviços e, eventualmente, a quota de mercado a um custo inferior ao da construção de novas instalações (Neely, 1997). Quando foi introduzido pela primeira vez, o objetivo do ATM era reduzir o tráfego desnecessário no átrio do banco, permitir aos clientes um acesso rápido ao seu dinheiro e tornar a vida mais conveniente até certo ponto (Adeniran e

Junaidu, 2014). Assim, três razões emergem claramente do acima exposto, nomeadamente a redução das filas de espera nos átrios dos bancos, o acesso ao dinheiro fora de uma agência bancária e a conveniência. Terá esta visão sido concretizada? Esta é uma questão empírica e as respostas variam de país para país, dependendo do nível de modernização do sector dos pagamentos.

Não há dúvida de que os ATM trouxeram comodidade e facilidade de acesso aos fundos depositados, tanto durante como fora do horário de funcionamento dos bancos. Vejamos o exemplo de uma pessoa que tem de ir para o trabalho e se apercebe de manhã cedo que não tem dinheiro suficiente na carteira para apanhar os transportes públicos e que tem uma caixa multibanco nas proximidades. Esta pessoa não precisa de esperar pela abertura da agência bancária, mas pode facilmente dirigir-se ao ponto de acesso mais próximo para levantar dinheiro e ir para o trabalho. A pessoa em questão beneficiou da comodidade proporcionada pela disponibilidade e proximidade da rede de caixas automáticos.

Du Toit (2011) apresenta um bom relato da história da ATM desde o final da década de 1930 e factos sobre os homens que afirmam ter inventado a ATM, incluindo Luther George Simjian, John Shepherd-Barron, James Goodfellow, John D. White e Jairus Larson. Estes factos estão resumidos no quadro seguinte, baseado no trabalho de Du Toit:

Quadro 2.1: História da ATM

Nome	Descrição
Luther George Simjian	Começou a construir uma versão inicial de um ATM no final dos anos 30 e teve a ideia de criar um ATM que permitisse aos clientes efetuar transacções financeiras.
John Shepherd-Barron	Na década de 1960, John Shepherd-Barron teve a ideia de um distribuidor de dinheiro 24 horas por dia, 7 dias por semana, quando era diretor-geral da De La Rue Instruments. Inicialmente, tratava-se de um dispensador de barras de chocolate, mas o chocolate foi substituído por dinheiro e o dispensador precedeu a introdução do cartão de plástico com a sua banda magnética.

James Goodfellow	Patenteou a tecnologia do número de identificação pessoal (PIN) e, em 1965, trabalhou no desenvolvimento de um distribuidor de dinheiro como engenheiro de desenvolvimento na Smiths Industries Limited. James Goodfellow concebeu um sistema que aceitava um cartão encriptado legível por máquina, ao qual acrescentou um teclado numérico. O sistema foi patenteado no Reino Unido em 1966.
John D. White	John White instalou o primeiro ATM em Rockville Center, Long Island, para o Chemical Bank em 1973, no mesmo ano em que o conceito de ATM foi patenteado.
	Docutel Corporation e registada em julho de 1990.
Jairo Larson	Jairus Larson desenvolveu o primeiro ATM em linha. Afirma-se que os primeiros ATM eram offline ou autónomos, o que significa que não tinham qualquer forma de comunicar com o banco.

Fonte: Du Toit (2011)

Globalmente, e apesar de ter sido introduzido há 50 anos, com desenvolvimentos iniciais no início da década de 1960, o ATM continua a ser uma parte central do sector bancário (Accenture, 2016). O primeiro ATM foi instalado em Londres em 1967 pelo Barclays Bank e o ATM chegou à Índia em 1968 (Hooda, 2016). Os primeiros ATM foram introduzidos no mercado finlandês em 1971 (Bank of Finland, 2012). Na África do Sul, os ATM remontam a 1977 (Banking Association South Africa, 2017). O trabalho de Adeniran e Junaidu (2014) salienta que os ATM foram introduzidos pela primeira vez no sector dos serviços financeiros da Nigéria no final da década de 1980 pela Société Générale. Mumin, Ustarz e Yakubu (2014) mostram que a utilização de ATM foi introduzida pela primeira vez no Gana pelo Trust Bank na década de 1980.

Tipos de transacções

Khan (2010) salienta que um ATM é um canal de prestação de serviços inovador que oferece serviços financeiros diversificados, tais como levantamento de dinheiro, transferência de fundos, depósito de dinheiro, pagamento de facturas de serviços públicos e de cartões de crédito, pedidos de livros de cheques e outras questões financeiras. Utilizando um ATM, os clientes podem aceder às suas contas bancárias para efetuar levantamentos de dinheiro, adiantamentos de dinheiro com cartão de crédito, verificar os saldos das contas e adquirir crédito pré-pago para telemóveis (Ali e Kalu, 2016).

A Accenture (2016) sugere um aumento das funcionalidades dos ATM ou dos serviços de valor acrescentado (SVA), como a consulta de saldos, recibos impressos, serviços PIN, mini-declarações, pagamentos de facturas, transferências de contas, levantamentos sem cartão, carregamentos móveis, transferências de dinheiro de pessoa para pessoa, cupões, impressão de cadernetas, pagamentos de impostos ou multas, donativos de caridade, renovação de licenças, venda de selos e carregamentos de carteiras electrónicas. A evolução dos ATM e o crescimento das suas funcionalidades são apresentados no quadro seguinte:

Quadro 2.2: Evolução dos ATM e desenvolvimento das suas funcionalidades

Título	Linha do tempo	Caraterísticas
Desenvolvimentos iniciais	Início da década de 1960	Levantamento de dinheiro (cartão não devolvido)
Caixa eletrónico básico	Dos anos 70 aos anos 2000	■ Levantamentos de numerário ■ Verificar o saldo da conta ■ Recibo impresso ■ Depósito em numerário num envelope limitado
Caixa multifuncional	Anos 2000 a 2010	■ Mini-declarações ■ Recargas móveis ■ Bilhetes ■ Pagamentos de serviços públicos ■ Carregamentos de telemóveis e de cartões pré-pagos ■ EMV ■ Reciclagem de dinheiro ■ Publicidade geral ■ Transferências de fundos

ATM na experiência do utilizador omnicanal	A partir de 2010	■ Marketing e publicidade direcionados ■ Serviços de informação ■ ATMs multimédia ■ Capacidade de distribuição rápida ■ Remessas internacionais ■ Nenhum contacto

Fonte: Accenture (2016) Accenture (2016)

O que precede mostra que os serviços prestados pelos prestadores de serviços financeiros através dos ATM se desenvolveram desde o lançamento dos ATM há várias décadas. É interessante notar que o canal de distribuição não é apenas utilizado para levantamentos de dinheiro, mas oferece também uma multiplicidade de outros serviços. Há alguns anos, a compra de tempo de antena através de um ATM era impensável, mas hoje é um dos tipos de transação que pode encontrar. Quem pensou em pagar contas através de um DAB nos anos 70? É difícil acreditar que é possível pagar impostos a uma autarquia local através deste método de entrega numa caixa multibanco próxima. De facto, é tão difícil de acreditar - mas não é rebuscado!

Partes do distribuidor de dinheiro

Como é que o titular do cartão interage com a caixa multibanco? Em que partes do ATM é que o titular do cartão toca para efetuar um levantamento e, finalmente, retirar o dinheiro da máquina antes de sair? Enquanto algumas pessoas sabem como utilizar uma caixa multibanco para efetuar várias transacções quando estão à sua frente, outras não sabem e precisam de alguma forma de assistência. É possível que já tenha visto os titulares de cartões a serem ajudados por alguém, como um segurança, que vigia a caixa multibanco, sobretudo em períodos de grande afluência de pessoas, como o fim do mês, a hora de almoço ou qualquer outra altura do dia em que haja muita gente. Esta pessoa pede ao titular que coloque o cartão no distribuidor, pede-lhe que introduza o seu código PIN e acompanha-o nos passos que conduzem ao levantamento do dinheiro, que o titular completa com a transação.

Khalifa e Saadan (2013) fornecem uma boa descrição das diferentes partes dos ATM, que estão resumidas no Quadro 2.3 abaixo:

Peças de substituição	Descrição
Leitor de cartões	Captura informações sobre a conta armazenadas no cartão.
Teclado	O titular do cartão indica ao banco que tipo de transação é necessária e qual o montante, introduzindo o código PIN para verificação.
Altifalantes	Fornece ao titular do cartão um feedback auditivo quando uma tecla é premida.
Ecrã de visualização	Solicita ao titular do cartão que siga cada passo do processo de transação.
Distribuidor de dinheiro	Este é o mecanismo de distribuição de dinheiro da máquina.
Impressora de recibos	Fornece ao titular do cartão um recibo em papel da transação.
Depósito de slot machine	Permite ao titular do cartão depositar dinheiro segundo um procedimento pré-determinado.
Botões do ecrã	São necessários para selecionar os tipos de transação ou o montante de uma transação.

Fonte: Khalifa e Saadan (2013)

Localização

Onde é que os ATM estão tradicionalmente localizados? Tal depende da estratégia de uma determinada instituição bancária ou da estrutura do sector bancário. RBR (2017) mostra que 58% dos ATM na República Checa estão localizados fora do local devido à presença de distribuidores independentes de ATM (IADs). Outras localizações importantes incluem a parede externa do banco (TTW), o átrio do banco e o hall. O RBR indica que estes três últimos locais representam 27%, 14% e 2% do total, respetivamente. Neely (1997) observa que os ATM estão a ser cada vez mais instalados em locais não tradicionais, tais como supermercados, aeroportos, casinos e centros comerciais, para além da sua localização tradicional nas instalações dos bancos. Os ATM situados nas instalações dos bancos são dispositivos multifuncionais sofisticados que complementam as capacidades de uma agência bancária e são, por conseguinte, mais caros, enquanto os ATM situados fora das instalações dos bancos são dispositivos monofuncionais menos dispendiosos que satisfazem uma simples necessidade de numerário (Khalifa e Saadan, 2013).

Qual é a conclusão do que precede? Locais como o TTW, o átrio do banco e o átrio estão próximos do local onde se realizam as actividades bancárias, ao passo que os locais fora do local estão longe da agência bancária. Quando o objetivo é chegar aos clientes que se encontram longe da agência bancária, as localizações fora das instalações são mais atractivas e a elevada percentagem de ATM fora das instalações no número total de localizações não deve surpreender, como vimos acima. Além disso, as localizações fora das instalações são coerentes com o objetivo de inclusão financeira, mas é importante notar que a implantação de um ATM é dispendiosa em comparação com outros canais de distribuição, com exceção da abertura de uma agência.

Processamento de transacções

Foi acima referido que existem diferentes tipos de transacções que podem ser efectuadas num ATM. Em termos de sistema de pagamentos, estas transacções são tradicionalmente classificadas como transacções "fora de uso" ou "não dentro de uso", "dentro de uso" e internacionais. O principal tipo de transação utilizado na presente subsecção é o levantamento de numerário de um ATM. Colocam-se algumas questões. Em primeiro lugar, qual é o processo de transação envolvido quando um titular de um cartão levanta numerário de um ATM pertencente a um banco? Em segundo lugar, qual é o processo de transação envolvido se o titular do cartão levantar dinheiro de uma ATM estrangeira pertencente a outro banco dentro das fronteiras de um país? Em terceiro lugar, qual é o processo de transação envolvido se o titular do cartão levantar dinheiro de uma ATM estrangeira pertencente a outro banco fora das fronteiras de um país? Estes três tipos de processos são discutidos e ilustrados a seguir.

O processo de transação envolvido quando um titular de um cartão levanta dinheiro de uma caixa multibanco pertencente ao seu banco. Digamos que uma pessoa chamada Alex quer tomar o pequeno-almoço na cidade e precisa de dinheiro porque o restaurante onde vai comer não aceita cartões na caixa e existe uma caixa multibanco do seu banco nas proximidades. Alex dirige-se então à caixa multibanco e levanta dinheiro inserindo o seu cartão bancário na caixa e os fundos são recebidos sem demora. Trata-se de um processo intrabancário que tem lugar dentro do mesmo banco, sem necessidade de compensação e liquidação interbancárias. Neste cenário, a pessoa que entrega o instrumento de pagamento ao banco é a mesma que recebe os fundos no final do processo de transação. A conta do titular do cartão é debitada pelo montante levantado no ATM e Alex sai do ATM para ir tomar o pequeno-almoço.

Processo de transação em que o titular do cartão levanta dinheiro de uma ATM estrangeira pertencente a outro banco dentro das fronteiras de um país. Neste cenário, Alex dirige-se a uma ATM que não pertence ao banco que emitiu o seu cartão. Para efeitos do presente exemplo, esta ATM é designada por ATM estrangeira. O processo que se segue, tal como descrito pelo Reserve Bank of Australia (2005), tem lugar e é ilustrado na figura 1 abaixo:

1. Alex passa o seu cartão numa caixa multibanco, introduz o seu PIN e os detalhes da transação.

2. A informação relevante é então enviada para o proprietário do ATM.

3. Se o proprietário do ATM e o emissor do cartão forem a mesma instituição, a transação permanece interna a essa rede. Se o cartão tiver sido emitido por outra instituição, o proprietário do ATM "transfere" a informação para esse emissor (3).

4. O emitente verifica então se Alex tem fundos disponíveis e, em caso afirmativo, envia uma mensagem de autorização através do proprietário do ATM.

5. Esta mensagem é então enviada para o DAB.

6. O dinheiro é distribuído.

Figura 2.1: Transação em ATM

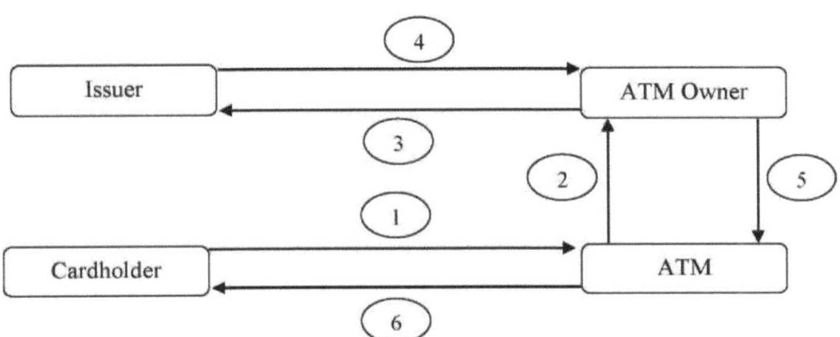

Fonte: Reserve Bank of Australia (2005) Reserve Bank of Australia (2005)

A figura 2.1 acima pode ser representada de forma diferente, com o interrutor incluído no diagrama e com as etapas do processo apresentadas abaixo:

A. Alex passa o seu cartão numa caixa multibanco estrangeira, introduz o seu PIN e os detalhes da transação.

    B. A informação relevante é então transmitida ao comutador de cartões.

    C. A Switch transmite a informação ao emissor para que este possa verificar se os fundos são suficientes.

D. O remetente envia uma mensagem de autorização através do comutador e confirma que os fundos estão disponíveis.

    E. Esta mensagem é então enviada para a caixa multibanco estrangeira.

    F. O dinheiro é distribuído e Alex afasta-se do distribuidor de dinheiro estrangeiro.

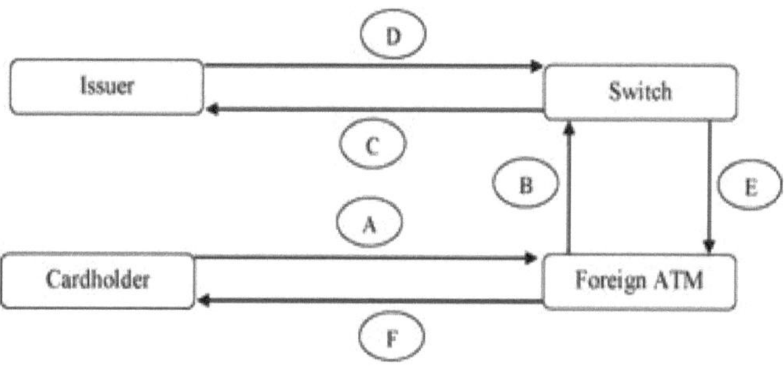

Fonte: Desenho do autor

Qual é o processo de transação a seguir se um titular de um cartão levantar dinheiro de uma caixa multibanco estrangeira pertencente a outro banco fora das fronteiras de um país? Hoje em dia, as pessoas tendem a ser móveis e a deslocar-se de um país para outro, seja para uma visita curta ou para se estabelecerem permanentemente noutro país. Uma visita de curta duração pode ser para visitar um familiar, gozar umas merecidas férias, obter um contrato de trabalho, assistir a uma conferência ou frequentar a universidade. Pode mudar-se para outro país renunciando à sua própria cidadania e adoptando a cidadania de um país diferente do seu país de nascimento. Considere uma visita de curta duração, por exemplo, para assistir a uma conferência. Uma vez tive a oportunidade de viajar para a África do Sul para participar numa conferência em Joanesburgo, a capital da África do Sul. À chegada, tive de levantar alguma moeda local, o rand sul-africano, para embarcar no Guatrain para Rosebank, um dos subúrbios mais bonitos da cidade. A viagem de ida e volta foi uma boa experiência - o comboio era confortável e a experiência comparável à dos comboios das economias avançadas. Fez-me lembrar a viagem que fiz de Washington a Filadélfia, nos EUA, em 1998. Foi maravilhosa e vai ficar-me na memória durante muitos anos. Ainda quero voltar a fazê-lo e é provável que um dia surja outra oportunidade.

A Visa (2013) afirma que o crescimento e o desenvolvimento das economias nacionais também dependem da capacidade das instituições e dos indivíduos das nações de todo o mundo de participarem na economia global interligada. Além disso, a Visa afirma que, uma vez estabelecida esta ligação, as nações e os seus cidadãos podem partilhar uma rede que proporciona conetividade às economias de 200 outras nações e territórios.

Na sua opinião, como é tradicionalmente tratada uma transação efectuada por um titular de um cartão do país A que se encontra no país B? Uma transação deste tipo não pode ser processada da forma ilustrada nas figuras 2.1 e 2.2 porque, neste cenário, estão envolvidos dois países. Quando estão envolvidos dois países, é necessário que um intermediário actue como elo de ligação entre um adquirente no país B e um emissor de cartões no país A, o país de origem, para que o processo de transação seja concluído. Esta instituição intermediária é designada por associação internacional de cartões. Este processo é apresentado no procedimento passo-a-passo e na Figura 2.3 abaixo, utilizando o Alex como exemplo:

A. Alex passa o seu cartão numa caixa multibanco estrangeira no país B, introduz o seu PIN e os dados da transação.

    B. A informação relevante é então enviada para a central de cartões internacionais.

C. A Switch reencaminha a informação para o emissor no país A para que este possa verificar se os fundos são suficientes.

D. O emissor envia uma mensagem de autorização através da central de cartões internacional e confirma que os fundos estão disponíveis.

E. Esta mensagem é então enviada para o ATM estrangeiro no país B através do comutador de cartão internacional.

F. O dinheiro é distribuído e Alex deixa o distribuidor estrangeiro no país B para pagar os bens ou serviços nesse país.

Figura 2.3: Transação num ATM estrangeiro numa jurisdição diferente

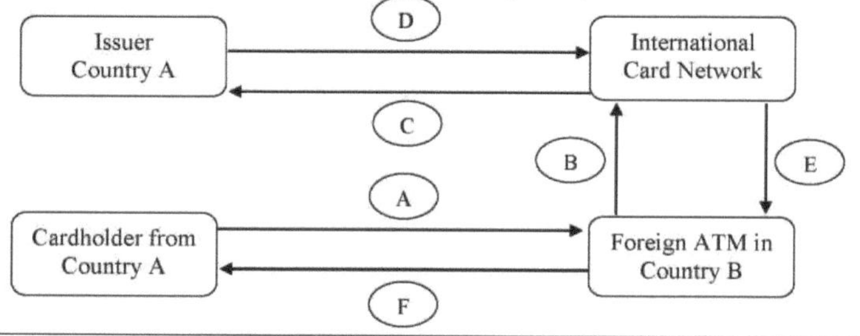

Source: Own Drawing

ATMs nos países da PICM

Os países do Comité de Pagamentos e Infra-estruturas de Mercado (CPMI) são países dos quais o Comité de Pagamentos e Infra-estruturas de Mercado do Banco de Pagamentos Internacionais (BIS) recolhe estatísticas de pagamentos e liquidação para publicação anual. Estes países incluem a Austrália, a Bélgica, o Brasil, o Canadá, a China, a França, a Alemanha, a RAE de Hong Kong, a Índia, a Itália, o Japão, a Coreia, o México, os Países Baixos, a Rússia, a Arábia Saudita, Singapura, a África do Sul, a Suécia, a Suíça, a Turquia, o Reino Unido e os Estados Unidos. A Figura 2.4 abaixo mostra o número de ATM nos países do ICPM durante um período de 5 anos.

Figura 2.4: Número de ATM nos países da IPCM

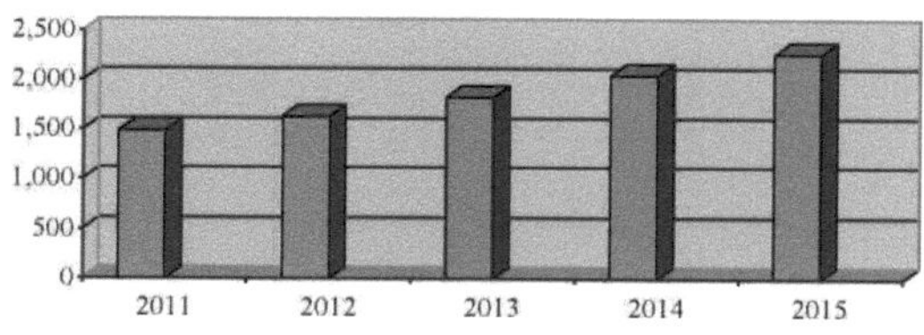

Fonte: Banco de Pagamentos Internacionais (2016) Banco de Pagamentos Internacionais

(2016)

O gráfico acima mostra claramente que o número de ATMs está a aumentar. Isto significa que existe uma procura de ATMs em todo o mundo, daí o aumento do número de ATMs instalados. O número de ATMs era de 1.492.000 em 2011, em comparação com 2.267.000 em 2015.

É importante compreender as noções básicas do espaço ATM, a fim de consolidar a compreensão de algumas das áreas especializadas no domínio da ATM. Este capítulo abordou alguns aspectos básicos da ATM, tais como a descrição, a história, os tipos de transacções, a localização, o fluxo de transacções e as ATM nos países CPMI. O próximo capítulo trata dos câmbios.

Capítulo 3: Transacções ATM

Um dia, Alex, mencionado no capítulo anterior, decidiu convidar a sua família para jantar, uma vez que se tinha sentido muito ocupado nos últimos tempos e queria passar algum tempo com eles. A sua família direta é constituída pela mulher e dois filhos, e ele e a mulher concordaram que a empregada os acompanharia ao jantar. A família encontrou um restaurante novo e agradável, ao lado de um banco, num belo subúrbio da capital. Passaram um bom bocado juntos e partilharam as suas experiências de construção enquanto desfrutavam do jantar. Alex quis utilizar o seu cartão de débito para pagar a conta, mas foi informado de que o restaurante ainda não tinha instalado terminais de ponto de venda para os clientes e foi aconselhado a levantar dinheiro numa caixa multibanco estrangeira próxima. Normalmente, Alex detesta utilizar as caixas multibanco de outros bancos devido aos encargos associados, como as taxas de intercâmbio, mas desta vez não conseguiu resistir devido à conveniência oferecida pela caixa multibanco próxima.

O que foi dito acima é comum a algumas pessoas que podem ter-se encontrado numa situação semelhante. Este capítulo centra-se no intercâmbio, um dos temas mais debatidos nos sistemas de pagamento. As áreas específicas abrangidas incluem uma descrição do intercâmbio e da sua importância, bem como o fluxo de processos aplicável ao intercâmbio.

Descrição

Muitos bancos cobram taxas pela utilização dos ATM e, em alguns casos, essas taxas são cobradas apenas aos utilizadores que não são clientes do banco onde o ATM está instalado (Khalifa e Saadan, 2013). O trabalho destes autores mostra que muitas pessoas se opõem a estas taxas porque os ATM são, de facto, mais baratos para os bancos do que os levantamentos nos caixas. Neely (1997) também salienta que a maioria das pessoas tem relutância em pagar por algo que está habituada a obter gratuitamente.

As comissões de intercâmbio, também conhecidas como comissões interbancárias, são encargos por transação pagos pelos bancos por operações de pagamento em que o banco que fornece a infraestrutura de pagamento (o banco adquirente) não é o banco que detém a conta bancária do cliente (o banco emitente) e estas comissões são cobradas por várias transacções, tais como certas transacções em agências bancárias, caixas automáticos, transacções em pontos de venda (POS) e débitos diretos (http://banxico.org.mx/sistemas-de- pago/informacion-general/sistemas-de-pago-deb...). O banco emissor cobra ao titular do cartão pela utilização do ATM de outra entidade, pagando uma comissão interbancária (http://atmsurcharges.com/intro.html). Uma comissão interbancária é uma taxa que o banco do cliente paga ao proprietário da ATM quando o cliente utiliza a ATM de outro banco (Obinna, 2013). Outra fonte define a comissão interbancária de ATM como a comissão que o emissor de um cartão paga ao proprietário de uma ATM quando um dos seus titulares utiliza uma máquina (https://www.atmmarketplace.com/artiles/is- atm-). Do que precede resulta claramente que todas as fontes concordam com a definição de ATM interchange. O quadro seguinte mostra a diferença entre a comissão interbancária ATM e outras comissões ATM (McAndews, 1998).

Quadro 3.1: Taxas de transação em ATM

Taxas	Categoria	Corrigido por	Descrição
Custos de mudança	Comércio grossista	Rede ATM	Taxa paga pelo banco do titular do cartão à organização da rede pelo custo do encaminhamento das informações relativas à transação.
Taxa de intercâmbio	Comércio grossista	Rede ATM	Taxa paga pelo banco do titular do cartão ao proprietário do ATM pelos custos de instalação e manutenção do ATM partilhado.
Imposto sobre a utilização (ou imposto estrangeiro)	Vendas a retalho	Banco do titular do cartão	Taxa paga pelo titular do cartão ao seu banco pela utilização de uma caixa multibanco que não pertence ao banco do titular do cartão.
Sobretaxa para os distribuidores de dinheiro	Vendas a retalho	Proprietário de ATM	Taxa paga pelo titular do cartão ao proprietário do ATM pelo custo de instalação e manutenção do ATM.

Fonte: McAndews (1998)

O Congressional Budget Office (1998) indica que um sistema ATM tem cinco categorias gerais de taxas ATM, que são resumidas a seguir:

Quadro 3.2: Comissões das caixas automáticas

Taxas	Quem paga?	Quem Recebido É?	Quem é que o elabora?	Descrição
Filiação	Banco emissor do cartão	Rede	Rede	Ajuda a cobrir os custos de funcionamento, bem como as despesas de publicidade e outras despesas promocionais.
Interruptor	Banco emissor do cartão	Rede	Rede	É cobrada sobre todas as transacções que passam pela central telefónica.
Permutador	Banco emissor do cartão	Proprietário de ATM	Rede	Utilizado para cobrir os custos de funcionamento dos seus ATM.
Estrangeiro	Porta-cartões	Banco emissor do cartão	Banco emissor do cartão	Carregado sempre que Os depositantes utilizam um distribuidor de dinheiro estrangeiro e esta taxa cobre as comissões de mudança de moeda e de intercâmbio, que o banco emissor do cartão deve pagar.

Suplemento	Porta-cartões	Proprietário de ATM	Proprietário de ATM	O titular do cartão é cobrado pela utilização de um ATM estrangeiro e o proprietário do ATM necessita desta receita para cobrir os custos de instalação e manutenção de ATMs em mais locais fora das instalações do banco.

Fonte: Gabinete do Orçamento do Congresso (1998) Gabinete do Orçamento do Congresso (1998)

Importância

Por que razão é importante o intercâmbio no domínio dos ATM? Várias fontes concordam com a importância das comissões interbancárias nos sistemas de pagamento. A comissão destina-se a cobrir os custos de funcionamento do ATM (http://atmsurcharges.com/intro.html). McAndrews (1998) mostra que as receitas das comissões e sobretaxas cobradas sobre as transacções ajudam os proprietários a recuperar os custos mais elevados de manutenção das máquinas fora do estabelecimento. Remeur (2015) indica que a utilização de cartões para efetuar pagamentos gera custos e que as comissões interbancárias se destinam a cobrir parte desses custos. Além disso, as comissões interbancárias foram introduzidas como um incentivo para as instituições financeiras abrirem a utilização dos seus ATM a clientes de outros bancos (https://www.atmmarketplace.com/artiles/is-atm-).

Qual é a mensagem principal do que foi dito acima? A mensagem principal é que o intercâmbio no espaço ATM permite aos proprietários não só cobrir alguns dos custos associados à instalação de ATM fora do local, mas também manter estas máquinas para benefício de todos os titulares de cartões, incluindo os de outros bancos. Por conseguinte, as trocas constituem um incentivo para que os proprietários de ATM instalem mais ATM fora de uma agência bancária.

Como funciona o processo

Foi referido acima que Alex levou a sua família a um restaurante e pagou a comida com dinheiro que levantou numa caixa multibanco fora da União Europeia ou no estrangeiro. O proprietário do ATM ou o adquirente tem a garantia de receber o pagamento do emissor e, na linguagem dos pagamentos, isso implica que haja compensação e liquidação para que o adquirente seja pago no final do processo. Isto justifica-se pelo facto de o dinheiro que Alex recebeu do ATM fora de uso ter sido disponibilizado pelo proprietário do ATM para satisfazer uma procura inesperada dos seus próprios clientes e dos clientes de outros bancos. Consequentemente, o emitente, que detém a conta do titular do cartão, deve reembolsar o adquirente através dos sistemas de compensação e liquidação.

Como funciona o processo de troca de notas? Quem recebe a comissão interbancária? Como é que o titular do cartão, o proprietário do ATM, o emitente e a rede interbancária estão envolvidos no processo de troca de notas? A figura 3.1 abaixo ilustra esta questão

Figura 3.1: Fluxo do processo de troca de ATM

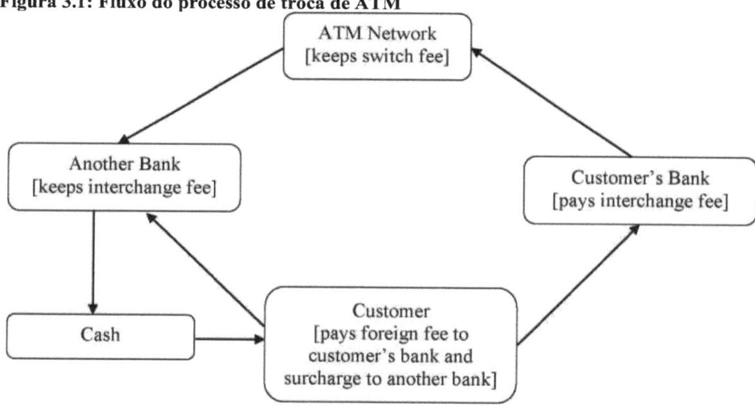

Fonte: Neely (1997)

O gráfico acima mostra que o titular do cartão é confrontado com dois encargos: a sobretaxa, que é paga a outro banco, e a comissão estrangeira, que é paga ao seu próprio banco ou ao banco do cliente. Por sua vez, o banco do cliente paga uma comissão interbancária a outro banco e, nesta transação, a rede de ATM recebe uma comissão de comutação devido à sua responsabilidade pelo encaminhamento das transacções através do sistema interbancário. A principal atividade da transação é o levantamento de numerário pelo cliente e a comissão deve ser compensada e liquidada em resultado desta atividade.

O presente capítulo analisou o intercâmbio no domínio da ATM. A definição, a importância e o funcionamento do processo de intercâmbio foram discutidos anteriormente. Embora as comissões interbancárias tenham sido objeto de um intenso escrutínio por parte das autoridades da concorrência, tal como referido por Remeur (2015), são importantes para o crescimento do mercado de pagamentos com cartão em geral e do mercado ATM em particular. Por conseguinte, as comissões interbancárias ou de transporte são um dos temas cruciais no contexto dos ATM, dado o impacto que têm no crescimento do mercado interbancário neste domínio. Pode concluir-se que um nível razoável de comissões interbancárias incentiva o crescimento do mercado ATM e que a ausência de comissões interbancárias torna o investimento neste canal de distribuição pouco atrativo, a menos que existam subvenções cruzadas. O próximo capítulo centra-se mais nos tipos de ATM.

Capítulo 4: Tipos de ATM

Existem diferentes tipos de ATM, que podem ser distinguidos de acordo com os serviços prestados, a localização, a forma de propriedade e a dimensão física. Por exemplo, uma ATM situada no hall de entrada de um banco é diferente de uma ATM situada numa pequena cidade numa zona rural. Outro exemplo é o facto de um ATM situado no interior de uma loja ser muito diferente de um ATM situado perto das instalações de um banco. Além disso, o ATM situado perto de uma bomba de gasolina ou de uma estação de serviço não é de todo igual ao que se encontra na parede da entrada de um edifício bancário. Este capítulo apresenta uma visão geral dos tipos mais comuns de ATM disponíveis em muitos mercados em todo o mundo.

Caixas automáticos partilhados

A literatura sobre pagamentos postula que os mercados mais concentrados, ou seja, os que são servidos pelas maiores redes, são mais susceptíveis de serem servidos por redes proprietárias partilhadas (McAndrews e Rob, 1995). O que são então os ATM partilhados ou, por outras palavras, o que é uma rede ATM partilhada? Uma rede de ATM partilhada é uma rede que liga vários bancos e os seus clientes (McAndrews, 1991). McAndrews observa que as redes ATM começaram por ser redes proprietárias de bancos individuais, acessíveis apenas aos clientes de um único banco, mas que os bancos criaram mais tarde redes ATM partilhadas porque se aperceberam de que, ao partilharem as ATM, podiam distribuir os custos das máquinas e das instalações da rede por um maior número de clientes e de transacções, proporcionando simultaneamente aos clientes um melhor acesso às suas contas. Isto está em consonância com Baker (1995), que afirma que, embora um banco possa instalar os seus próprios ATM, a vantagem de uma rede de ATM partilhada é que os depositantes de um banco poderão utilizar ATM em muitos mais locais do que um único banco poderia na prática. Pitt (2011) afirma que a partilha de ATM, sob a forma de pooling de ATM, está associada a benefícios como a eliminação de custos duplicados, a concentração na atividade principal e o acesso dos clientes. Pitt afirma que, com o agrupamento, os dois bancos reúnem as suas infra-estruturas para partilhar um único comutador e todos os seus dispositivos ATM, juntamente com contratos de fornecedores agregados.

Qual é a lição a retirar do que precede? Existem três níveis no caminho para a partilha total da infraestrutura ATM. O primeiro é o das redes exclusivas, em que a rede ATM é utilizada por um banco para os seus próprios clientes. O segundo é uma rede de ATM partilhada, em que os clientes de outros bancos podem utilizar uma ATM estrangeira, mas cada banco mantém a propriedade das suas máquinas. A terceira é a última forma de rede de ATM partilhada, designada por ATM pooling, em que nenhum banco é proprietário de uma ATM, sendo todas as respectivas ATMs subcontratadas ou vendidas a uma empresa independente.

Existem exemplos de agrupamento de ATM noutras partes do mundo. A Bankomat AB foi criada em 2010 pelos bancos para estabelecer um novo sistema e uma infraestrutura comum para os ATM e as máquinas de depósito dos bancos, com o objetivo de adquirir todos os ATM dos bancos proprietários até ao final de 2013 (Riksbank, 2013). A propriedade de cerca de 2 200 ATM em toda a Suécia foi transferida para a Bankomat AB em 2010, na sequência de um acordo histórico entre cinco instituições financeiras: Danske Bank, Handelsbanken, Nordea, SEB e Swedbank (www.marchnetworks.com). A Automatia ou Otto foi fundada por bancos finlandeses em 1994 e a empresa oferece vários serviços através dos seus ATM, como a distribuição de dinheiro, a capacidade de recarregar dispositivos móveis e a publicidade para terceiros (Pitt, 2011).

ATM alimentado por energia solar

Trata-se de caixas automáticas alimentadas por energia solar que podem continuar a funcionar em caso de corte de eletricidade (paycorp.co.za/atm-solutions/our-products-and-services/). De acordo com esta fonte, estes ATMs alimentados a energia solar utilizam inversores para armazenar a energia dos raios solares em baterias que podem funcionar até 10 dias sem eletricidade. É bem sabido que muitos países em desenvolvimento enfrentam desafios como a escassez de eletricidade necessária para os esforços de desenvolvimento. As fontes de energia renováveis não têm sido exploradas tanto quanto possível para complementar as fontes tradicionais de eletricidade. As caixas automáticas alimentadas a energia solar são ideais em países onde existe uma procura excessiva de eletricidade e um fornecimento pouco fiável devido a cortes de energia, beneficiando simultaneamente de luz solar suficiente num determinado dia.

Caixas automáticos de auto-atendimento

Trata-se de ATMs para pequenos estabelecimentos, que só estão disponíveis quando a loja está aberta (paycorp.co.za/atm-solutions/our-products-and-services). Esta fonte refere ainda que estas máquinas ocupam um espaço mínimo, podem ser carregadas pela frente ou por trás e podem também ser carregadas com o seu próprio dinheiro. Tendo em conta o que precede, estes distribuidores apresentam vantagens e inconvenientes. Uma vantagem é o facto de serem pouco dispendiosos em termos de custos de funcionamento devido ao espaço limitado que ocupam, mas o facto de não estarem disponíveis quando o proprietário de um estabelecimento comercial fecha durante o dia constitui um problema para os titulares de cartões, em especial quando as escolhas são limitadas do ponto de vista do canal de distribuição.

Caixas automáticos através da parede

Podem estar virados para o interior ou para o exterior e ser carregados pela frente ou pela retaguarda (paycorp.co.za/atm- solutions/our-products-and-services). Esta fonte indica que a porta do cofre abre na parte da frente ou na parte de trás do ATM, numa sala segura. Com base no que precede, é possível constatar que as ATM de superfície são comuns nas imediações de estações de serviço, em centros comerciais ou mesmo junto a sucursais de uma instituição bancária.

Quiosques ATM

Estes ATM estão instalados em estruturas autónomas denominadas quiosques, que permitem ao cliente efetuar uma transação em total confidencialidade (paycorp.co.za/atm-solutions/our-products-and-services). Tendo em conta o que precede, pode dizer-se que estes ATM podem ser encontrados em determinados locais, incluindo estabelecimentos de ensino.

Dispensadores de notas pequenas

Estes ATM substituem os antigos mini ATM que não dispunham de funcionalidades de banca em linha e fornecem serviços bancários digitais a pontos de venda remotos onde o volume de negócios não permite a instalação de um ATM convencional (www.atmmarketplace.com/news/slimline-cashless-atm- launches-in-africa). De acordo com esta fonte, os ATM Slimline não dispensam dinheiro, mas emitem um talão que pode ser trocado por dinheiro no ponto de venda, sendo a conta do retalhista creditada durante o processo de transação. É de notar que estas máquinas são normalmente instaladas em retalhistas com dinheiro suficiente para satisfazer a procura dos clientes a qualquer momento.

Marca branca DAB

Estes ATM são detidos e explorados por entidades não bancárias, com o logótipo do operador do ATM de marca branca afixado no ATM e não o de um banco (https://rbi.org.in/scripts/FAQView.aspx?Id=75). Esta fonte indica que a autorização concedida a entidades não bancárias para a instalação de ATM de marca branca tem por objetivo alargar a cobertura geográfica dos ATM, a fim de aumentar ou melhorar o serviço prestado aos clientes. Além disso, o sector das marcas brancas foi concebido para permitir que as entidades não bancárias instalem ATM nas zonas rurais para promover a inclusão financeira (Bhakta, 2017).

Caixas automáticos com etiquetas castanhas

Os ATM de marca castanha são um conceito de partilha de custos em que o hardware é propriedade do prestador de serviços, mas a gestão de dinheiro e a conetividade de rede são fornecidas pelo banco patrocinador (DreamGains, 2015). A DreamGains acrescenta que as caraterísticas e funções de um ATM de marca castanha são as mesmas que as de um ATM normal e que a máquina ostenta o logótipo do banco patrocinador.

ATMs tradicionais

O conceito de ATM tradicional é comum aos profissionais de pagamentos e refere-se à ATM bancária normal, que pode assumir qualquer forma, como uma ATM partilhada, uma ATM de marca castanha ou uma ATM de marca branca, etc. Estas máquinas são maiores do que as máquinas mais pequenas, como as mini-máquinas, as pequenas máquinas ou as máquinas de distribuição de dinheiro.

Caixas automáticos no local

Trata-se de caixas automáticas situadas nas instalações da agência ou nas suas imediações (www.indiastudychannel.com/resources). Estas máquinas podem, por conseguinte, ser encontradas na parede exterior de uma agência bancária, no átrio de entrada de uma agência e numa sala bancária. É importante referir que estes ATM têm mais funcionalidades do que os ATM externos. Por exemplo, um ATM de depósito deve, idealmente, estar localizado nas instalações da agência ou nas imediações da mesma.

ATM fora do local

Estes distribuidores não se encontram nas instalações da sucursal, mas noutros locais, como centros comerciais, aeroportos, estações ferroviárias e estações de serviço (www.indiastudychannel.com/resources). É de notar que estes distribuidores oferecem uma funcionalidade limitada em comparação com os distribuidores no local. As localizações fora das instalações são normalmente selecionadas com cuidado para garantir que o volume justifica a instalação, especialmente se se tratar de um ATM tradicional.

DAB móvel

Estes ATM deslocam-se para diferentes áreas para os clientes e foram introduzidos pelos bancos sob a designação de caixas automáticas sobre rodas (www.indiastudychannel.com/resources). Tomemos o exemplo de um evento como uma feira comercial numa cidade ou aldeia. Uma instituição bancária pode instalar um ATM móvel numa feira comercial para permitir que os seus clientes e os clientes de outros bancos levantem dinheiro para comprar bens e serviços para si e para as suas famílias. Estes ATM são depois deslocados no final da exposição.

Distribuidores de dinheiro

Estas máquinas permitem aos clientes levantar dinheiro, verificar o seu saldo e solicitar mini extractos (www.indiastudychannel.com/resources). Noutros mercados, estes ATM são frequentemente designados por ATM expresso. Estão situados fora do local e, por conseguinte, oferecem serviços limitados. Os centros comerciais e as estações de serviço são locais comuns para os ATM.

Caixas automáticos no local de trabalho

Estas caixas automáticas estão localizadas nas instalações de uma organização e destinam-se geralmente a ser utilizadas apenas pelos seus empregados (www.indiastudychannel.com/resources). Este facto sugere que as organizações em que estes ATM estão localizados devem ter um número significativo de trabalhadores para poderem atingir o limiar de rentabilidade ou mesmo permitir que um banco obtenha lucros. Quando estas máquinas estão localizadas numa organização com poucos empregados, podem dar prejuízo, a menos que sejam subsidiadas por titulares de cartões de outros locais.

Multibanco online

Estes ATM estão permanentemente ligados à base de dados do banco e permitem a realização de transacções online em tempo real (www.bankexamsoday.com/2014). Esta fonte indica que os limites de levantamento e os saldos das contas são constantemente monitorizados pelo banco. O que é que isto significa? É muito provável que o titular do cartão não consiga efetuar um levantamento a mais da sua conta quando existe uma comunicação em tempo real com a conta do titular no momento do levantamento, evitando assim penalizações significativas.

DAB offline

Estes ATM não estão ligados à base de dados do banco e têm um limite de levantamento pré-definido e fixo, que pode ser levantado independentemente do montante na conta (www.bankexamsoday.com/2014). O que é que isto significa? É possível que um titular de um cartão levante a mais da sua conta, uma vez que não há comunicação em tempo real com a conta do titular do cartão no momento do levantamento, o que resulta em penalizações significativas.

Este capítulo descreve os diferentes tipos de ATM existentes em muitos mercados em todo o mundo. Os ATM podem ser distinguidos de acordo com os serviços prestados, a sua localização, a forma de propriedade e a dimensão física. O capítulo seguinte trata da regulamentação dos ATM.

Capítulo 5: Regulamentos

Quando se trata de regulamentar o mercado dos ATM, colocam-se várias questões. Porque é que é importante regulamentar os ATM? Quais são os benefícios da regulamentação das caixas automáticas do ponto de vista da entidade reguladora e dos regulados? O outro lado da moeda também é digno de nota. Quais são os custos incorridos no processo de regulamentação dos ATM, tanto pela entidade reguladora como pelos regulados? O que é que outros países fizeram para regulamentar os ATM? Estas questões não são exaustivas. Este capítulo trata da regulamentação do mercado de ATM. As questões específicas abordadas são as motivações para a regulamentação e as melhores práticas em termos de regulamentação deste mercado por algumas jurisdições.

Motivação

O Riksbank (2013) menciona três pontos que emergem do quadro jurídico para os pagamentos de retalho. Em primeiro lugar, para que um determinado serviço de pagamento seja utilizado, o utilizador do serviço deve, em primeiro lugar, considerá-lo seguro e eficiente. Em segundo lugar, o utilizador deve ter confiança na situação financeira do prestador de serviços de pagamento e na sua capacidade de gerir o pagamento. Em terceiro lugar, o utilizador deve ter confiança nas outras partes, normalmente vários fornecedores de infra-estruturas financeiras, que estão envolvidos nas várias fases do processo de pagamento.

Krugman (2012) afirma que os bancos são especiais porque os riscos que assumem são suportados, em grande parte, pelos contribuintes e pela economia no seu todo. Fontinelle (2010) argumenta que as empresas se opõem a qualquer medida de regulação que possa prejudicar os seus resultados e afirma também que a regulação bancária pode ser positiva se for bem feita. Pode concluir-se do que precede que a regulamentação que apoia as instituições bancárias no seu esforço de inovação deve ser considerada positiva, mas que a regulamentação que desencoraja a inovação no mercado dos ATM atrasa o desenvolvimento e a modernização dos sistemas de pagamento.

Melhores práticas

Do exposto decorre a necessidade de regulamentar as infra-estruturas do mercado financeiro para garantir a segurança, a eficiência e a confiança nestes sistemas quando são implantados no mercado para utilização pelo público em geral. Isto é importante porque, sem estes atributos, os titulares de cartões podem ter dúvidas quanto à utilização destes sistemas, mas quando a segurança, a eficiência e a confiança são garantidas, é provável que os clientes titulares de cartões utilizem as infra-estruturas de mercado para efeitos de pagamento. As melhores práticas em matéria de regulamentação dos ATM noutros mercados são descritas a seguir:

■ Operadores de ATM independentes. É necessário exigir verificações de antecedentes e licenças para os operadores independentes de ATM através de legislação adequada para estes vendedores, de modo a que as empresas que aceitem acolher ATM estejam protegidas porque saberão se o vendedor e as suas ATM são legítimos (https://www.atmmarketplace.com/news/death-taxesand-atm-regulation63/). Esta fonte deixa claro que tal legislação exige que os vendedores anunciem a sua legitimidade, que esclareçam qualquer confusão sobre a propriedade das máquinas e que ajudem os clientes que possam ter uma avaria na ATM a contactá-los atempadamente. Deve ser prevista a regulamentação das entidades não bancárias, uma vez que os participantes no ambiente de pagamentos são regulamentados, em especial se operarem no núcleo dos sistemas de pagamento e liquidação, e é necessário supervisionar qualquer pessoa que necessite de entrar nesses sistemas, a fim de minimizar os riscos susceptíveis de serem introduzidos.

■ Autorização para instalar ATM. Na Índia, os bancos são obrigados a obter a aprovação prévia do Reserve Bank of India (RBI), mesmo para os ATM fora do local (Leeladhar, 2007). Leeladhar afirma que o planeamento da rede dos bancos na Índia também inclui o plano de instalação de ATM, o que se reflecte no seu plano anual apresentado ao RBI para aprovação. De acordo com Leeladhar, a autorização para instalar ATM é necessária, uma vez que os ATM são um canal importante para a prestação de serviços bancários.

■ Falha na transação ATM. De acordo com Subbarao (2012), o Reserve Bank of India (RBI) prescreveu que, em caso de litígio, o montante em causa deve ser creditado na conta do cliente no prazo de sete dias, sob pena de o banco do cliente ser obrigado a pagar uma indemnização diária a partir da data da reclamação, desde que esta seja apresentada no prazo de 30 dias a contar da data da transação falhada. O que precede mostra que o RBI leva a sério as queixas dos clientes e dispõe de um procedimento de resolução de litígios para garantir a proteção dos clientes e a integridade dos sistemas de pagamento.

■ Inclusão financeira. A inclusão financeira, que é discutida em pormenor num capítulo separado, é um importante objetivo de política pública e os bancos centrais regulam nesta área para criar um sector de serviços financeiros inclusivo. Por exemplo, as diretrizes regulamentares na Índia determinam que uma parte dos ATM deve necessariamente ser instalada em centros de nível III a VI (cidades/aldeias) com uma população inferior a 5 000 habitantes (Subbarao, 2012).

- Segurança e proteção. A segurança, que é discutida num capítulo separado, é um tema importante nos sistemas de pagamentos e os bancos centrais querem garantir que estes sistemas sejam seguros e protegidos para que continuem a ser utilizados pelos intervenientes, incluindo o público em geral. Por exemplo, o Reserve Bank of India (RBI) incentivou os bancos e outras partes interessadas a emitirem cartões com chip e PIN EuroPay, MasterCard e VISA (EMV) aos clientes que tenham efectuado pelo menos uma compra de débito/crédito no estrangeiro (Subbarao, 2012). O Banco do Gana indicou que está a trabalhar com o sector bancário para migrar todos os cartões de pagamento de banda magnética para cartões com chip e PIN EMV, a fim de aumentar a segurança e reduzir a fraude (Asiama, 2017).

- Intercâmbio. As comissões interbancárias são outro elemento regulamentado do ambiente ATM, pelo menos em alguns mercados. Todas as taxas de intercâmbio são reguladas pela Autoridade Monetária da Arábia Saudita (SAMA) na Arábia Saudita e as taxas de intercâmbio para as transacções ATM são determinadas pela SAMA com base em avaliações dos custos de emissão e aquisição realizadas periodicamente pela SAM (Committee on Payment and Settlement Systems, 2012). Nos países desenvolvidos, onde existe um ecossistema de aceitação, a taxa de intercâmbio foi regulamentada (Subbarao, 2012). As comissões interbancárias também são regulamentadas na Austrália (Edey, 2015).

Este capítulo debruçou-se sobre a regulamentação dos ATM. Foram abordadas duas secções principais, nomeadamente a motivação para a regulamentação dos ATM e as melhores práticas em matéria de regulamentação dos ATM. O capítulo seguinte analisa a inclusão financeira na perspetiva dos ATM.

Capítulo 6: Inclusão financeira

A inclusão financeira em geral e os ATM em particular é um tema muito debatido. Neste capítulo, centramo-nos mais no ambiente dos ATM. Vejamos o caso de um titular de um cartão de baixo rendimento que se encontra longe do ATM mais próximo e não dispõe de um canal alternativo para levantar dinheiro. Esta pessoa está financeiramente incluída ou excluída? Este capítulo fornece informação útil que pode ser utilizada para responder a esta e outras questões relacionadas com a inclusão financeira. As secções específicas abordadas neste capítulo incluem a descrição da inclusão financeira, a melhoria da inclusão financeira através do espaço ATM e a medição da inclusão financeira.

Descrição

A inclusão financeira é a prestação de serviços financeiros a custos acessíveis a segmentos desfavorecidos e de baixo rendimento da sociedade (Divya, 2013). É definida como o acesso a serviços financeiros (Tissot e Gadanecz, 2016). Na literatura sobre inclusão financeira, as famílias são consideradas desbancarizadas quando não possuem contas correntes ou de poupança em instituições financeiras (Ampudia e Ehrmann, 2017). Mbutor e Uba (2003) afirmam que a inclusão financeira envolve permitir o acesso a recursos e serviços financeiros por parte dos agentes económicos, particularmente aqueles que se encontram no extremo inferior da escala de rendimentos, a um custo acessível. Para além do exposto, a inclusão financeira pode ser definida como a prestação de serviços bancários a um custo económico para grandes secções do grupo de baixo rendimento (Yadav, Sijoria, Singh e Vaish, 2015). As definições anteriores concordam com o que é a inclusão financeira, pelo que é necessário integrar os não bancarizados no sistema financeiro, para que tenham acesso a serviços financeiros a preços acessíveis para satisfazer as suas necessidades e desejos económicos.

Melhorar a inclusão financeira

É de notar que os quadros institucionais internacionais e os recursos mobilizados para os apoiar deram lugar a uma multiplicidade de estratégias nacionais (GSMA, 2017). Os bancos centrais têm um papel central a desempenhar na promoção da inclusão financeira em muitos mercados. Contribuem através da educação financeira, da proteção dos consumidores, da supervisão e do controlo, e facilitando a prestação de serviços financeiros (Tissot e Gadanecz, 2016). Os governos podem estimular o desenvolvimento da regulamentação, das infra-estruturas e dos incentivos necessários para tornar a inclusão financeira uma realidade (Parker e Sachdev, 2015). Para além disso, estes autores indicam que as instituições financeiras têm a experiência e as infraestruturas necessárias para fornecer a mais ampla gama de serviços e estimular a inovação no contexto de quadros regulamentares adequados e ponderados. O acima exposto implica que, enquanto os reguladores podem criar os quadros regulamentares para a inclusão financeira, por um lado, as instituições financeiras precisam de disponibilizar as infra-estruturas, produtos e serviços para apoiar esses quadros, por outro.

Tendo em conta o que precede, que experiência foi adquirida na melhoria ou promoção da inclusão financeira no domínio da ATM? Quais são as melhores práticas? O que é que funcionou em alguns países que pode ser exportado para outros? Estas experiências são descritas de seguida:

- Proporção de ATM a instalar em determinadas zonas. Como discutido no capítulo anterior, as diretrizes regulamentares na Índia prescrevem que uma proporção de ATM seja instalada em centros de nível III a VI (cidades/aldeias) com uma população inferior a 5.000 habitantes (Subbarao, 2012). A implicação do que precede é que os residentes de pequenas cidades, aldeias ou povoações devem ter acesso a ATM e não ser deixados de fora como parte da inclusão financeira.
- Diversificação dos ATM. Trata-se de deslocar os ATM para um local ou uma localização onde são necessários e onde podem ser utilizados corretamente, a fim de melhorar a inclusão financeira e apoiar a sustentabilidade (Yadav, Sijoria, Singh e Vaish, 2015). Estes autores referem que a diversificação dos ATM das zonas urbanas para as zonas rurais contribui para a utilização adequada dos ATM, o que, em última análise, mantém baixos os custos operacionais dos ATM e a formação de capital.
- ATMs de marca branca. O Reserve Bank of India (RBI) introduziu o conceito de ATM de marca branca em 2013 e, através das diretrizes que estabeleceu, as entidades privadas não bancárias podem instalar ATM em cidades semi-urbanas e em zonas rurais para chegar aos titulares de cartões sem conta bancária e sem conta bancária (Antony, 2014). Esta fonte indica que estes ATM prestam serviços bancários básicos, tais como levantamento de dinheiro, consulta de saldos, extractos em miniatura e mudança de PIN, embora possam ser prestados serviços adicionais à medida que o banco central ganha confiança nos operadores de ATM de marca branca.
- ATMs biométricos. Noutros mercados, a inclusão financeira é conseguida através de caixas

automáticos biométricos. Com os ATM biométricos, os clientes que optam pela autenticação biométrica visitam um quiosque, um ATM ou um banco nas proximidades, onde as suas impressões digitais são digitalizadas para um computador pessoal especial equipado com um scanner de impressões digitais, sendo estas depois armazenadas de forma encriptada num servidor central (https://findbiometrics.com/india- financial-inclusion-through-biometric-atms/). Esta fonte mostra um processo de transação passo a passo numa ATM e algumas das vantagens das ATM biométricas incluem uma autenticação forte e a possibilidade de as utilizar em zonas rurais.

- Caixas automáticos partilhados. Estes foram discutidos no Capítulo 4 e foram introduzidos noutros países para reduzir os custos e concentrar-se na atividade principal. O conceito de ATM partilhados é de interesse para os países que pretendem alcançar a inclusão financeira, particularmente nos países onde a utilização de numerário está a diminuir ou onde não é rentável para uma entidade entrar sozinha num determinado mercado ou localidade.

- Subsídios. É importante notar que o efeito de um subsídio, ao contrário de um imposto, é reduzir o preço final para o tornar acessível. Esta política de despesa pública é comum em certos sectores da economia, como a habitação e a agricultura. É um desafio para a inclusão financeira estar associada a incentivos quando um prestador de serviços instala um ponto de acesso numa zona remota onde é impossível atingir o ponto de equilíbrio num curto espaço de tempo? Um incentivo desta natureza pode ser de curta duração, até que o prestador de serviços comece a obter lucros significativos.

Medir a inclusão financeira

Foram utilizados diferentes indicadores para medir o grau de inclusão financeira (Matongela, 2014). Trata-se de indicadores de acesso a serviços financeiros e de indicadores de utilização de serviços financeiros (Mbutor e Uba, 2003). A Alliance for Financial Inclusion (2013) fornece indicadores de acesso e um deles é o número de ATMs por 10.000 adultos e por unidade administrativa. Note-se que um aumento deste indicador de um período para o outro implica uma melhoria da inclusão financeira e uma diminuição deste indicador de um período para o outro implica uma deterioração da inclusão financeira.

Este capítulo trata da inclusão financeira, em particular dos ATM. São abordados temas como a descrição da inclusão financeira, a melhoria da inclusão financeira e a medição da inclusão financeira. O capítulo seguinte trata da segurança no ambiente dos ATM.

Capítulo 7: Segurança

Os ATM são importantes canais de distribuição para os titulares de cartões, clientes de instituições financeiras e seus proprietários. É através das caixas automáticas que o dinheiro é levantado quando não pode ser levantado através de outros canais conhecidos, como as agências bancárias e os terminais de pontos de venda dos comerciantes. Os criminosos são atraídos para as ATM simplesmente por causa do dinheiro que contêm, caso contrário as máquinas não seriam incomodadas pelos criminosos se fossem apenas caixas vazias em vários locais. Este capítulo sobre a segurança dos ATM analisa os riscos associados a estes canais de distribuição e as medidas que podem ser tomadas para tornar as transacções em ATM seguras.

Problema

É um facto que as caixas multibanco estão a ser atacadas por criminosos em todo o mundo para terem acesso a dinheiro que não lhes pertence. Embora as instituições financeiras estejam a tomar medidas para combater a fraude, os criminosos não estão a dormir e estão a trabalhar arduamente para encontrar formas de roubar dinheiro das contas dos titulares de cartões. O atual sistema de autenticação em algumas economias, em que apenas o código PIN é utilizado para validar o titular do cartão quando este se encontra em frente a uma caixa multibanco, é também responsável pelo aumento da fraude. Shaikh e Shah (2012) indicam que o risco associado à fraude em ATM e a redução do seu impacto são questões importantes para as instituições financeiras, uma vez que as técnicas de fraude se tornaram mais avançadas e mais frequentes. De facto, os tipos de fraude multiplicaram-se e quanto mais as instituições financeiras investirem em soluções antifraude, melhor estarão aptas a contrariar as tácticas obscenas dos fraudadores.

Gyamfi, Mohammed, Gyambra, Katsriku e Abdulah (2016) descrevem algumas fraudes ou ataques populares contra ATM, incluindo ataques de skimming, captura de cartões, pirataria de PIN, ataques de phishing/vishing, malware ATM, pirataria ATM e ataques físicos. Shaikh e Shah (2012) afirmam que a natureza e os tipos de fraude em ATM abrangem a fraude de dinheiro/cartão, a fraude operacional, a fraude de equipamento e a fraude digital.

Quanto mais as instituições financeiras investirem em tecnologias que minimizem ou eliminem a utilização destas abordagens fraudulentas, mais protegidos estarão os titulares de cartões quando efectuarem transacções em ATM.

Gestão

Neste contexto, o termo "gestão" é utilizado para compreender as medidas que foram adoptadas ou implementadas em todo o mundo para minimizar os incidentes de fraude em ATM. Por outras palavras, que controlos foram implementados para reduzir ou prevenir a criminalidade ou a fraude em ATM em muitos países? Existem muitos desses controlos ou medidas e, se forem implementados, é muito provável que a confiança no sistema de pagamentos ATM de retalho melhore em relação aos níveis anteriores à implementação. As medidas que podem ser utilizadas para reforçar a segurança na infraestrutura ou no ambiente do ATM são enumeradas a seguir.

■ Sistema de alerta por SMS. Dada a gravidade da fraude eletrónica em termos de Em 2008, o Banco Central do Paquistão, preocupado com a reputação do banco e com o interesse dos consumidores, tornou obrigatórios os alertas por SMS (Shaikh e Shah, 2012). Shaikh e Shah afirmam que os bancos comerciais no Paquistão começaram a oferecer alertas SMS para todas as transacções electrónicas em caixas automáticos.

■ Ocultação do PAN. Os bancos activaram a máscara PAN
A máscara ou truncagem do PAN é uma norma de segurança da indústria de cartões de pagamento (PCI DSS) e diz respeito à máscara do PAN quando este é apresentado em recibos, ecrãs, papel, impressões, etc. O mascaramento ou truncamento do PAN é uma norma de segurança da indústria de cartões de pagamento (PCI DSS) e diz respeito ao mascaramento do PAN quando este é apresentado em recibos, ecrãs, papel, impressões, etc., de modo a que apenas o pessoal com uma necessidade comercial legítima possa ver o PAN completo (www.pcicomlianceguide.org/pan-storage-and-the-pci-dss/).

■ Autenticação biométrica. Trata-se da identificação automática de pessoas por meio de
caraterísticas biológicas, como as suas impressões digitais ou a sua íris (Gyamfi, Mohammed, Gyambra, Katsriku e Abdulah, 2016). O sistema biométrico ATM é seguro porque permite a autenticação com informações sobre partes do corpo e pode ser mantido a baixo custo (Hooda, 2016). A autenticação por impressão digital tem sido criticada porque as impressões digitais podem ser falsificadas com recurso a película, podem ser danificadas e mudar com a idade, e o roubo dos dados biométricos de uma pessoa causa sérios problemas, uma vez que não é

possível um novo registo (Muhammad, Alhassan e Ganiyu, 2015).

■   Técnica de autenticação de segundo nível. Esta técnica também é conhecida como autenticação de dois factores.

Acrescenta uma camada adicional de segurança às contas dos utilizadores, exigindo-lhes que introduzam um código de verificação, para além do nome de utilizador e da palavra-passe, quando acedem à sua conta (Muhammad, Alhassan e Ganiyu, 2015). Estes autores afirmam que a introdução de um PIN correto é seguida pela introdução de um código válido que é enviado para o dispositivo móvel pré-registado do cliente através de um gateway SMS, resultando no levantamento de fundos de uma conta. Uma das vantagens deste mecanismo, segundo os autores, é o facto de o sistema ser menos dispendioso de implantar do que a técnica de autenticação biométrica, porque utiliza componentes de sistema existentes.

■   Tecnologia de chip EMV. A tecnologia EuroPay MasterCard Visa (EMV) nas caixas automáticas é a mais recente.

suportam e processam cartões com chip EMV nas caixas automáticas utilizando um leitor de cartões com chip EMV (Data Network Alliance, 2014). A Data Network Alliance também afirma que as transacções EMV nos ATM são processadas com um PIN online e que o PIN encriptado é verificado online pelo emissor ou anfitrião. A questão que se coloca é a de saber quem é responsável em caso de fraude. Por exemplo, quando um cartão de banda magnética é utilizado num terminal EMV, a responsabilidade pela fraude de contrafação recai sobre o emissor do cartão, uma vez que não investiu na tecnologia de chip para eliminar a fraude (www.visa.com/chip).

Este capítulo abordou a questão da segurança no domínio dos ATM. Verifica-se que foram implementadas medidas a nível mundial para garantir que o titular do cartão dispõe da proteção necessária quando efectua uma transação numa ATM. Embora o código PIN continue a ser utilizado para validar o titular do cartão antes da distribuição do dinheiro, registaram-se progressos em alguns aspectos, nomeadamente no que se refere à verificação em duas etapas. O próximo capítulo trata da formação em matéria de ATM.

Capítulo 8: Formação

A importância da educação em geral e dos ATM em particular não pode ser subestimada. Há um velho ditado que diz que "a educação é o maior fator de igualdade". Isto significa que a educação é um instrumento que pode ser utilizado para corrigir certos desequilíbrios que existem nas sociedades. A este respeito, a educação ou a formação podem permitir a alguém atingir um nível de desempenho satisfatório no seu trabalho, comparável ao de colegas com uma vasta experiência profissional. O que precede é coerente com o trabalho de Armstrong e Taylor (2014), que defendem que as organizações precisam de pessoas com níveis elevados e adequados de conhecimentos, competências e capacidades. O resultado final é a melhoria do desempenho dos trabalhadores em relação aos seus empregos actuais (Nel, Werner, Haasbroek, Poisat, Sono e Schultz, 2008). Este capítulo analisa as oportunidades de formação no âmbito dos BAD.

Associação do sector ATM

A Associação da Indústria ATM (ATMIA) foi fundada em 1997 e está atualmente sediada nos Estados Unidos. Tem capítulos activos nos Estados Unidos, Canadá, Europa, América Latina, Ásia-Pacífico, Ásia, África, Índia e Médio Oriente, centrando-se nas necessidades e questões específicas de cada região. A sua missão é promover a conveniência, o crescimento e a utilização do ATM em todo o mundo, proteger os activos, os interesses, a boa reputação e a confiança do público na indústria do ATM e proporcionar formação, melhores práticas, voz política e oportunidades de ligação em rede às organizações membros. A ATMIA oferece formação a operadores de ATM, formação em segurança ATM e formação em valor acrescentado ATM através da ATMIA Academy. O seu sítio Web é www.atmia.com.

Nex-G Exuberant Solutions Pvt. Lda

A Nex-G Exuberant Solutions Pvt. Ltd (NESPL) foi criada em 2002 e está atualmente sediada na Índia. Oferece formação em reparação de ATM e, no final do programa de formação, os participantes devem ser capazes de diagnosticar falhas em ATM, substituir uma peça ou módulo, testar a ATM utilizando diagnósticos, efetuar os ajustes recomendados e realizar a manutenção preventiva recomendada. O sítio Web é http://www.exuberantsolutions.com.

Tecnologias de formação ATM

A ATM Training Technologies foi criada nos EUA em 2013 e é especializada na formação em ATM para os mercados financeiro, retalhista e de fast food. Os cursos são concebidos para satisfazer as necessidades das empresas de serviços de ATM, clientes de autosserviço, técnicos de serviço no terreno, operadores de ATM e empresas de reparação de depósitos. O sítio Web é http://www.atmtraining.com.

Jenslaw Data Professionals Limited

A Jenslaw Data Professionals Limited foi constituída na Nigéria ao abrigo da Companies and Allied Matters Act 1990 para fornecer soluções tecnológicas de alta qualidade, excelentes e profissionais através de parcerias com organismos de acreditação internacionais. O seu programa de Engenharia de ATM foi concebido para aqueles que desejam aprender a instalar, reparar e manter ATMs no sector financeiro. O seu sítio Web é http://www.jenslaw.net.

A lista de cursos de formação acima apresentada não é de modo algum exaustiva. Existem inúmeras acções de formação em todo o mundo para particulares e empresas no domínio das caixas multibanco. Este domínio é vasto e qualquer investimento em formação, seja de que tipo for, não deve ser visto como um desperdício de recursos, uma vez que esta intervenção pode aumentar a produtividade ou melhorar o serviço ao cliente a longo prazo. É importante sublinhar que estes programas de formação se apresentam sob a forma de certificados, diplomas, conferências, workshops, etc. e que os interessados devem consultar os sites e outras fontes identificadas para identificar o tipo de curso a frequentar. O próximo capítulo trata dos fabricantes de ATM.

Capítulo 9: Fabricantes

A questão que geralmente se coloca é a de saber de onde vêm os ATM. Estes canais também são fabricados como qualquer outro produto que compramos. Passam por um canal de distribuição, tal como qualquer outro produto. Pensemos num produto agrícola como o milho. Esta cultura passa por várias fases do circuito de distribuição, nomeadamente o produtor, o grossista, o retalhista e o consumidor. Existem vários fabricantes de ATM em todo o mundo e, no final da cadeia de distribuição, o titular do cartão utiliza estas máquinas para efetuar várias transacções, tais como levantamentos de dinheiro e outras operações. Este capítulo apresenta uma seleção de fabricantes ou vendedores de ATM.

Diebold

A Diebold tem as suas raízes em 1859 e está sediada no Ohio, EUA. A empresa fornece serviços, software e tecnologia que ligam as pessoas em todo o mundo ao seu dinheiro - fazendo a ponte entre os mundos físico e digital do dinheiro de forma conveniente, segura e eficiente. Desde a sua criação, a empresa evoluiu para se tornar um fornecedor líder de inovação, segurança e serviço de autosserviço excecional para os mercados financeiro, retalhista, comercial e outros. O seu sítio Web é www.dieboldnixdorf.com.

Corporação NCR

A NCR Corporation foi fundada em 1884 e está sediada na Geórgia, EUA. Fornece tecnologia para transacções de consumo e, através do seu software, hardware e carteira de serviços, permite transacções nos sectores financeiro, retalhista, hoteleiro, viagens, telecomunicações e tecnologia em 180 países. O seu sítio Web é www.ncr.com.

Tritão

A Triton foi fundada em 1979 e está sediada no Mississippi, EUA. Fornece ATMs fora do local e software de gestão de ATMs em todo o mundo. Nos seus primórdios, desenvolveu e construiu equipamento científico excecional para clientes exigentes como a Exxon, a General Electric, a Magnavox e a Marinha dos EUA. O seu sítio Web é www.tritonatm.com.

Genmega

A Genmega é um fabricante e fornecedor de soluções de ATM e quiosques transaccionais desde 2006. Está sediada na Califórnia, EUA. Os seus produtos assentam numa filosofia de engenharia e integração avançadas, envoltas em designs modernos e atractivos que não só são fáceis de implementar e manter, como também convidam os clientes a maximizar o seu retorno do investimento. O seu sítio Web é www.genmega.com.

Hitachi-Omron

A Hitachi-Omron foi criada em 2004 e está sediada em Tóquio, no Japão. Como fornecedor de ATMs, oferece produtos, soluções e serviços de fácil utilização para os sectores financeiro, retalhista, dos transportes e dos serviços públicos. O seu sítio Web é www.hitachi-omron-ts.com.

Este capítulo apresentou uma série de fabricantes e vendedores de DAB. A lista não é exaustiva, o objetivo é fornecer alguns exemplos úteis de fabricantes ou vendedores de DAB bem conhecidos. Cerca de 4 dos 5 fabricantes ou vendedores acima enumerados são americanos e um é japonês. O próximo capítulo aborda as carreiras no domínio da gestão do tráfego aéreo.

Capítulo 10: Carreiras

Que oportunidades de emprego oferece o ambiente ATM? Os conhecimentos, as competências, a sabedoria e a compreensão adquiridos neste ambiente são apenas utilizados e aplicáveis no sector bancário ou financeiro? É verdade que o ambiente ATM oferece algumas oportunidades de emprego no sector financeiro. Tal como acontece com qualquer vocação, os conhecimentos, as competências, a sabedoria e a compreensão adquiridos no ambiente ATM também podem ser utilizados ou aplicados noutros sectores. Este capítulo descreve algumas das carreiras que podem ser encontradas no sector ATM.

Gestor de ATM

Esta pessoa é responsável por supervisionar o fluxo de dinheiro e garantir que todos os ATM estão a funcionar corretamente. É necessário manter e estabelecer relações com os clientes, bem como com empresas que possam prestar assistência em caso de problemas com as ATM. Compreender o funcionamento dos diferentes ATM e a forma como são reparados é um requisito indispensável para este trabalho. O serviço ao cliente é uma grande parte da responsabilidade do gestor de ATM. Os riscos e os investimentos devem ser analisados e categorizados para garantir que o impacto potencial na atividade seja compreendido. Os relatórios devem ser revistos à medida que chegam dos vários departamentos, bem como dos técnicos de manutenção. Também será necessário estabelecer procedimentos para monitorizar os activos e garantir a sua segurança em todas as circunstâncias. Para mais informações, consultar http://educationcareerarticles.com.

Depósito ATM

Tem uma série de responsabilidades, incluindo assegurar que os ATM estão corretamente abastecidos de dinheiro e artigos de papelaria; manter uma ligação estreita com o centro de controlo para assegurar que os problemas de equipamento são resolvidos prontamente; verificar o dinheiro dos ATM de acordo com as instruções estabelecidas; assegurar que o numerário dos ATM é protegido contra perdas desnecessárias e evitáveis; verificar os depósitos de numerário com exatidão e rapidez; tratar prontamente os relatórios dos ATM constantes da lista de tarefas, de acordo com as instruções estabelecidas; e efetuar uma reconciliação diária do numerário dos ATM, de acordo com o procedimento estabelecido. Para mais informações, consultar o sítio http://africajobs.g4s.com.

Técnico de ATM

Os técnicos de ATM, também conhecidos como reparadores ou técnicos de ATM, diagnosticam, reparam e instalam caixas automáticas. Os técnicos de ATM deslocam-se às instalações dos clientes para diagnosticar e resolver o problema no local, ou desmontam a máquina e levam-na para a oficina onde será reparada pelos técnicos de ATM da oficina. Utilizando equipamento como multímetros, software de diagnóstico e ferramentas manuais, os técnicos de ATM resolvem problemas como leitores de cartões desgastados e sistemas de distribuição de bilhetes com mau funcionamento. Para mais informações, consultar o sítio http://study.com.

Administrador do sistema ATM

O administrador do sistema ATM tem várias funções, incluindo: instalar e implementar novas versões e melhorias no comutador ATM; integrar dispositivos ATM no comutador ATM; resolver problemas importantes; desenvolver ferramentas para operações ATM quotidianas; monitorizar o comportamento de todas as ATM e a compensação ATM quotidiana. Para mais informações, consultar https://www.bayt.com.

Programador de software ATM

O programador de software ATM tem uma série de tarefas, incluindo: diagnosticar problemas de software e conceber a solução técnica; fornecer uma orientação técnica clara a uma equipa de desenvolvimento; realizar análises de código para validar alterações; realizar codificação direta conforme necessário em domínios de sistemas altamente complexos; determinar a análise de causa e efeito para projectos que irão resolver problemas complexos de prestação de serviços; resolver questões e conflitos entre projectos e parceiros dentro e entre equipas para melhorar os esforços de colaboração; e fornecer liderança direta a uma equipa. Para mais informações, consultar o sítio https://www.simplyhired.com.

Este capítulo apresenta várias opções de carreira no domínio da gestão do tráfego aéreo e a lista não é de modo algum exaustiva. Estas opções de carreira são geralmente mencionadas pelos profissionais do sector. O próximo e último capítulo é dedicado às ATM na Namíbia.

Capítulo 11: ATMs na Namíbia

O ATM tem-se desenvolvido na Namíbia desde o seu início e pode argumentar-se que o mercado namibiano é comparável, em muitos aspectos, a outros mercados em todo o mundo, tendo em conta o que foi delineado neste livro. O primeiro ATM foi instalado na Namíbia em 1988 para uma das maiores instituições bancárias do país. A África do Sul, a antiga potência colonial da Namíbia, instalou a sua primeira ATM em 1977. A Namíbia tornou-se independente da África do Sul em 21 de março de 1990.

É de notar que os ATM instalados na Namíbia foram fabricados por fabricantes bem conhecidos, como a Diebold, a NCR e a Wincor Nixdorf. Como já foi referido, estes fabricantes são originários dos Estados Unidos. Em termos de localização, as ATM estão situadas fora do local, através da parede exterior, do átrio e do vestíbulo. Os centros comerciais e as estações de serviço são locais comuns para os ATM fora do local. Isto permite que os titulares de cartões continuem a efetuar transacções mesmo após o encerramento das agências bancárias.

A partilha de ATM é comum na Namíbia. A extensão da partilha consiste no facto de um cliente de um banco (emissor do cartão) poder utilizar o seu cartão numa ATM pertencente a outro banco, resultando em transacções interbancárias que são compensadas no NamSwitch, detido e operado pela NamClear, para liquidação no Sistema de Liquidação Interbancária da Namíbia (NISS), detido e operado pelo Banco da Namíbia, o banco central da Namíbia. A Namíbia não implementou a partilha total de ATM, como tem sido o caso na Finlândia e noutros mercados. Este status quo explica-se pelo facto de a utilização de numerário continuar a ser elevada e de a propriedade e exploração de uma ATM continuar a ser um negócio rentável.

A Namíbia alcançou bons resultados no domínio da inclusão financeira em termos de ATM. As instituições bancárias também instalaram ATM, tais como ATM expresso, ATM móveis e ATM de pequena dimensão. O conceito de ATM de marca branca ainda não está generalizado na Namíbia. Matongela (2014) relata que havia aproximadamente 782 e 826 ATMs em 2012 e 2013, respetivamente, na Namíbia, ou 5,70 e 5,94 ATMs por 10.000 adultos para esses dois anos. Isto confirma que a inclusão financeira se desenvolveu ao longo do tempo. Este livro mostra que a inclusão financeira está associada ao ambiente político. Como resultado, políticas de pagamento atractivas podem promover a inclusão financeira para os não-bancários e sub-bancários no espaço ATM na Namíbia.

O intercâmbio tornou-se uma das questões mais importantes a debater a nível do sector. As discussões actuais entre os diferentes fluxos e canais centram-se mais na revisão dos actuais níveis de intercâmbio, após o que serão publicados novos níveis no futuro, de acordo com as regras existentes no sector. As discussões e a finalização das taxas de intercâmbio devem ter lugar no âmbito da Lei da Concorrência da Namíbia.

Referências

Accenture, (2015). The Untapped Win-Win in Self-Service Banking. Arlington, VA: Accenture.

Accenture, (2016). ATM Benchmarking Study 2016 and Industry Report. Arlington, VA: Accenture.

Adeniran, L. M., & Junaidu, A. S. (2014). An empirical study of automated teller machine (ATM) and user satisfaction in Nigeria: A study of United Bank of Africa in Sokoto metropolis. *Revista Internacional de Tecnologia de Gestão,* 2(3), 1-11.

Aliança para a Inclusão Financeira, (2013). Measuring financial inclusion: Core Set of Financial Inclusion Indicators. Banguecoque, Tailândia: Aliança para a Inclusão Financeira.

Antony, L. (2014). White Label ATMs - Auxiliando os pagamentos e a inclusão financeira. [Em linha] Disponível em: <www.thinkingaloud.in> [Acedido em 12 de novembro de 2017].

Ali, P. I. e Kalu, E. O. (2016). Impacto dos ATMs na prestação de serviços bancários na Nigéria: uma análise das partes interessadas. *Instituto Federal,* 9(1), 64-72.

Armstrong, M. e Taylor, S. (2014). [th]Manual de Prática de Gestão de Recursos Humanos de Armstrong: 13 Edição. Londres, Reino Unido: KopanPage.

Asiama, J. P. (2017). [th]10 Bal aniversário do Fidelity Bank Ghana Limited Endereço. Accra, Gana: Banco do Gana.

Baker, D. I. (1995). Shared ATM Networks - The Antitrust Dimension. Federal Reserve Bank of St. Louis Review November/December. St. Louis, EUA: Federal Reserve Bank of St. Louis.

Associação Bancária da África do Sul (2017). Informação ao consumidor. [Em linha] Disponível em: <www.banking.org.za/consumer-information/bank-crime/atm-fraud> [Acedido em 5 de outubro de 2017].

Bhakta, P. (2017). Os ATM de marca branca esperam dias melhores depois de o RBI ter falado em rever as suas diretrizes. [Online] Disponível em: <https://economictimes.indiatimes.com/industry/banking/finance/banking/> [acedido em 30 de outubro de 2017].

Comité dos Sistemas de Pagamentos e Liquidação. (2012). Sistemas de pagamento, compensação e liquidação na Arábia Saudita: Livro Vermelho. Basileia, Suíça: Banco de Pagamentos Internacionais.

Gabinete do Orçamento do Congresso. (1998). Competition in ATM Markets: Are ATMs Money Machines? Washington D.C., EUA: Gabinete do Orçamento do Congresso.

Debit Network Alliance, (2014). EMV Best Practices and Business Requirements for ATM Deployment (Melhores práticas EMV e requisitos comerciais para implantação de ATM). Delaware, Estados Unidos da América: Debit Network Alliance.

Divya, K. H. (2013). Um Estudo sobre o Impacto da Inclusão Financeira com Referência aos Ganhadores de Avisos Diários. Journal of Business Management and Social Sciences Research, 2(6), 85-92.

Du Toit, D. J. (2011). ATM Cash Management for a South African Retail Bank, tese de mestrado em ciências. Cidade do Cabo, África do Sul: Universidade de Stellenbosch.

DreamGains (2015). White Label ATM - Como é diferente de outros ATMs. [Em linha] Disponível em: <www.dreamgains.com/white-label-atm-how-it-is-different-from-other-atms/> [Acedido em 30 de outubro de 2017].

Edey, M. (2015). Regulating card payments - from Wallis to Murray. Melbourne, Austrália: Banco de Pagamentos Internacionais.

Elgahwash, F. O. e Freeman, M. B. (2013). Preferências bancárias para a tecnologia de autoatendimento: Comparando o comportamento dos líbios em países em desenvolvimento e desenvolvidos. *Revista Internacional de Tecnologias de Informação Inteligentes,* 9(2), 7-20.

Ampudia, M. e Ehrmann, M. (2017). Inclusão financeira: o que é que vale a pena? Documento de trabalho n.º 1990. Frankfurt, Alemanha: Banco Central Europeu.

Fontinelle, E. (2010). Regulamentação bancária: boa ou má? Nova Iorque, EUA: Investopedia.

GSMA, (2017). Relatório sobre o estado do sector móvel - Edição da década: 2006 - 2016. Londres, Reino Unido: GSMA.

Gyamfi, N. K., Mohammed, M. A., Gyambra, K. N., Katsriku, F., & Abdulah, J. D. (2016). Melhoria das caraterísticas de segurança das caixas automáticas (ATM): A Ghanaian Perspective. *Revista Internacional de Ciência e Tecnologia Aplicadas,* 6(1), 102-111.

Hsieh, C. (2005). Implementation of Self-Service Technology to Gain Competitive Advantages (Implementação da tecnologia de autosserviço para obter vantagens competitivas). *Communications of the IIMA,* 5(1), 77-83.

Hooda, K. (2016). Segurança da ATM. *Revista Internacional de Publicações Científicas e de Investigação,* 6(4), 159-166.

Khalifa, S. S. M., & Saadan, K. (2013). O modelo de design formal de um caixa automático (ATM). *Notas de aula sobre teoria da informação,* 1(1), 56-59.

Khan, A. M. (2010). An Empirical Study of ATM Service Quality and Customer Satisfaction in Pakistani Bank. *Jornal Europeu de Ciências Sociais,* 13(3), 333-344.

Kopsakangas-Savolainen, M. e Takalo, T. (2012). Competition before Sunset: The Case of the Finnish ATM Market: Bank of Finland Research Discussion Paper 32/2012. Helsínquia, Finlândia: Banco da Finlândia.

Krugman, P. (2012). Why we regulate. Nova Iorque, EUA: The New York Times.

Leeladhar, V. (2007). The Evolution of Banking Regulation in India - A Retrospect on some Aspects. Basileia, Suíça: Banco de Pagamentos Internacionais.

Matongela, A. M. (2014). Compreender o estado da inclusão financeira na Namíbia. *Revista de Investigação em Finanças e Contabilidade,* 5(23), 171-175.

Mbutor, M. O. e Uba, I. A. (2003). The impact of financial inclusion on monetary policy in Nigeria (O impacto da inclusão financeira na política monetária na Nigéria). *Journal of Economics and International Finance,* 5(8), 318-326.

McAndrews, J.J. (1991). The Evolution of Shared ATM Network Federal Reserve Bank of Philadelphia Business Review May/June. Filadélfia, EUA: Federal Reserve Bank of Philadelphia.

McAndrews, J.J. e Rob, R. (1995). Shared Ownership and Principles in a Network Switch. Federal Reserve Bank of Philadelphia Working Paper 96/07/EPS. Filadélfia, EUA: Federal Reserve Bank of Philadelphia.

McAndrews, J. J. (1998). Sobretaxas de ATM. *Current Issues,* 4(4), 1-6.

Muhammad, B. L., Alhassan, M. E., & Ganiyu, S. O. (2015). Um sistema de segurança ATM aprimorado usando autenticação de segundo nível. *Revista Internacional de Aplicações Informáticas,* 111(5), 8-15.

Mumin, Y, A., Ustarz, Y., & Yakubu, I. (2014). Automated Teller Machine (ATM) Operation Features and Usage in Ghana: Implications for Managerial Decisions. *Journal of Business Administration and Education,* 5(2), 137-157.

Natarajan, T., Balasubramanian, S. A. e Manickavasagam, S. (2010). Customer's Choice among Self-Service Technology (SST) Channels in Retail Banking: A Study Using Analytical Hierarchy Process (AHP). *Journal of Internet Banking and Commerce,* 15(2), 116.

Neely, M. C. (1997). What is the price of convenience? The ATM Surcharge Debate. Regional Economist, julho: Banco da Reserva Federal de St. Louis.

Nel, P.S., Werner, A., Haasbroek, G.D., Poisat, P., Sono, T., & Schultz, H.B. (2008). [th]Human Resource Management: 7 Edition. Cidade do Cabo, África do Sul: Oxford Southern Africa.

Obinna, I, P. (2013). Automated Teller Machine and Marketing Implications in a Cashless Economy (A Study of Port Harcourt Metropolis). *Revista Internacional de Ciência e Investigação,* 4(7), 1873-1876.

Parker, A. e Sachdev, S. (2015). The Commercial Viability of Financial Inclusion (A viabilidade comercial da inclusão financeira). *Journal of Payments Strategy and Systems,* 9(3), 294-304.

Pitt, R. (2011). Evolving Options for ATM Outsourcing: Pooling can keep your channel competitive. First Data Corporation.

Remeur, C. (2015). Taxas de intercâmbio para operações de pagamento com cartão: Parlamento Europeu.

RBR, (2017). Perfil do país - República Checa. Boletim de automação bancária, edição 365. Londres, Reino Unido: RBR.

Banco Central da Austrália, (2005). Payment System Board Annual Report. Sydney, Austrália: Reserve Bank of Australia.

Riksbank, (2013). The Swedish Retail Payment Market. Estocolmo, Suécia: Riksbank.

Rose, J. e Ogunmokun, G. O. (2013). Utilização de tecnologia bancária self-service: Um estudo das variáveis que diferenciam o nível de utilização entre o mercado de consumidores de idade madura na Austrália. *Revista Internacional de Negócios, Humanidades e Tecnologia,* 3(3), 6369.

Rose, P. S. (1999). [th]Commercial Bank Management, 4 Edition. Boston, EUA: Irwin/McGraw-Hill.

Sannes, R. (2001). Self-Service Banking: Value Creation Models and Information Exchange. *Série especial sobre troca de informações nos mercados electrónicos.* 4(3), 139-148.

Shaikh, A. A. e Shah, S. M. M. (2012). Fraude em caixas automáticas (ATM) - Estudo de caso de um banco comercial no Paquistão. *Revista Internacional de Negócios e Gestão.* 7(22), 100-108.

Subbarao, D. (2012). Indian Payment and Settlement Systems Responsible Innovation and Regulation. Basileia, Suíça: Banco de Pagamentos Internacionais.

Tissot, B. e Gadanecz, B. (2016). Measuring financial inclusion - A central bank perspective. Basileia, Suíça: Banco de Pagamentos Internacionais.

Visa, (2013). VisaNet - A tecnologia por detrás da Visa. Estados Unidos: Visa.

Voorhies, R. (2013). Fighting Poverty, Profitably - Transforming the Economies of Payments to build Sustainable, Inclusive Financial System (Combater a Pobreza de Forma Lucrativa - Transformar as Economias de Pagamentos para construir um Sistema Financeiro Sustentável e Inclusivo). Seattle, WA: Fundação Bill & Melinda Gates.

Yadav, A., Sijoria, C., Singh, K. e Vaish, A. (2015). Melhorar a inclusão financeira através da instalação de ATMs para o equilíbrio setorial e a sustentabilidade. *International Journal of Technology Enhancements and Emerging Engineering Research,* 3(4), 65-67.

Buy your books fast and straightforward online - at one of world's fastest growing online book stores! Environmentally sound due to Print-on-Demand technologies.

Buy your books online at
www.morebooks.shop

Compre os seus livros mais rápido e diretamente na internet, em uma das livrarias on-line com o maior crescimento no mundo! Produção que protege o meio ambiente através das tecnologias de impressão sob demanda.

Compre os seus livros on-line em
www.morebooks.shop

Printed by Books on Demand GmbH, Norderstedt / Germany